注音High客：我的注音遊戲書

（第二版）

孟瑛如、王怡蘋、邱佳寧、周文聿　著

作者簡介

孟瑛如

學歷：美國匹茲堡大學教育輔導碩士
　　　美國匹茲堡大學特殊教育博士
現職：國立清華大學特殊教育學系教授兼特殊教育中心主任
專長：學習障礙、情緒行為障礙

王怡蘋

學歷：國立清華大學特殊教育研究所進修中
現職：新竹市載熙國小特殊教育教師

邱佳寧

學歷：國立彰化師範大學特殊教育研究所碩士
現職：新竹市南寮國小特殊教育教師

周文聿

現職：國立清華大學特殊教育中心助理

這ㄓㄜˋ是ㄕˋ_____的ㄉㄜ˙遊ㄧㄡˊ戲ㄒㄧˋ書ㄕㄨ

我ㄨㄛˇ從ㄘㄨㄥˊ_____年ㄋㄧㄢˊ_____月ㄩㄝˋ_____日ㄖˋ開ㄎㄞ始ㄕˇ使ㄕˇ用ㄩㄥˋ這ㄓㄜˋ本ㄅㄣˇ書ㄕㄨ

目次

注ㄓㄨˋ音ㄣ符ㄈㄨˊ號ㄏㄠˋ基ㄐㄧ本ㄅㄣˇ能ㄋㄥˊ力ㄌㄧˋ 檢ㄐㄧㄢˇ核ㄏㄜˊ表ㄅㄧㄠˇ

認讀聲母和韻母	拼音練習	
	雙拼	三拼
正確率： /37	正確率： /22	正確率： /20
☐通過	☐通過	☐通過
☐不通過	☐不通過	☐不通過

聲調練習	看圖寫注音
正確率： /5	正確率： /12
☐通過	☐通過
☐不通過	☐不通過

一、認讀聲母和韻母

唸一唸，唸對請打 ✓，唸錯請打 ✗。

ㄅ	ㄆ	ㄇ	ㄈ	ㄉ	ㄊ	ㄋ	ㄌ	ㄍ	ㄎ
ㄏ	ㄐ	ㄑ	ㄒ	ㄓ	ㄔ	ㄕ	ㄖ	ㄗ	ㄘ
ㄙ	ㄧ	ㄨ	ㄩ	ㄚ	ㄛ	ㄜ	ㄝ	ㄞ	ㄟ
ㄠ	ㄡ	ㄢ	ㄣ	ㄤ	ㄥ	ㄦ			

二、拼音練習

雙拼：唸一唸，唸對請打 ✓，唸錯請打 ✗。

ㄧㄚ	ㄧㄛ	ㄧㄝ	ㄧㄞ	ㄧㄠ	ㄧㄡ	ㄧㄢ	ㄧㄣ	ㄧㄤ	ㄧㄥ	ㄨㄚ
ㄨㄛ	ㄨㄞ	ㄨㄟ	ㄨㄢ	ㄨㄣ	ㄨㄤ	ㄨㄥ	ㄩㄝ	ㄩㄢ	ㄩㄣ	ㄩㄥ

三ㄙㄢ拼ㄆㄧㄣ：唸ㄋㄧㄢ一一唸ㄋㄧㄢ，唸ㄋㄧㄢ對ㄉㄨㄟ請ㄑㄧㄥ打ㄉㄚ✓，唸ㄋㄧㄢ錯ㄘㄨㄛ請ㄑㄧㄥ打ㄉㄚ✗。

ㄐㄚ	ㄋㄧㄝ	ㄊㄠ	ㄒㄧㄡ	ㄅㄧㄢ	ㄆㄣ	ㄒㄧㄤ	ㄊㄥ	ㄓㄨㄚ	ㄍㄨㄛ
ㄕㄨㄞ	ㄏㄨㄟ	ㄔㄨㄢ	ㄅㄨㄣ	ㄎㄨㄤ	ㄍㄨㄥ	ㄒㄩㄝ	ㄐㄩㄢ	ㄐㄩㄣ	ㄒㄩㄥ

三ㄙㄢ、聲ㄕㄥ調ㄉㄧㄠ練ㄌㄧㄢ習ㄒㄧ

唸ㄋㄧㄢ一一唸ㄋㄧㄢ，將ㄐㄧㄤ國ㄍㄨㄛ字ㄗ和ㄏㄜ注ㄓㄨ音ㄧㄣ配ㄆㄟ對ㄉㄨㄟ，正ㄓㄥ確ㄑㄩㄝ請ㄑㄧㄥ打ㄉㄚ✓，錯ㄘㄨㄛ誤ㄨ請ㄑㄧㄥ打ㄉㄚ✗。

範ㄈㄢ例ㄌㄧ		題ㄊㄧ目ㄇㄨ1		題ㄊㄧ目ㄇㄨ2	
✓	✗				
三ㄙㄢ	三ㄙㄣ	四ㄙ	四ㄙ	五ㄨ	五ㄨ
題ㄊㄧ目ㄇㄨ3		題ㄊㄧ目ㄇㄨ4		題ㄊㄧ目ㄇㄨ5	
六ㄌㄧㄡ	六ㄌㄧㄡ	九ㄐㄧㄡ	九ㄐㄧㄡ	十ㄕ	十ㄕ

（可由孩子自行唸國字選聲調，或由家長／教師報讀選出）

四、看圖寫注音

草莓		廚師		森林		鬧鐘	
耳朵		白鵝		足球		烏雲	
貓頭鷹		啄木鳥		稻草人		飛機	

認ㄖㄣˋ識ㄕˋ注ㄓㄨˋ音ㄧㄣ符ㄈㄨˊ號ㄏㄠˋ

ㄅ		把手「ㄅ」
ㄆ		跑步「ㄆ」
ㄇ		帽子「ㄇ」
ㄈ		肥皂「ㄈ」

ㄉ		刀子「ㄉ」
ㄊ		體操「ㄊ」
ㄋ		小鳥「ㄋ」
ㄌ		拉小提琴「ㄌ」

ㄍ		骨頭「ㄍ」
ㄎ		一棵樹「ㄎ」
ㄏ		喝水「ㄏ」
ㄐ		積木「ㄐ」

ㄑ		強壯「ㄑ」
ㄒ		吸管「ㄒ」
ㄓ		燭台「ㄓ」
ㄔ		串燒「ㄔ」

ㄕ		獅子「ㄕ」
ㄖ		日出「ㄖ」
ㄗ		走路「ㄗ」
ㄘ		稻草人「ㄘ」

ㄙ		白鷺鷥「ㄙ」
一		衣服「一」
ㄨ		襪子「ㄨ」
ㄩ		魚缸「ㄩ」

ㄚ		叉子「ㄚ」
ㄛ		說話「ㄛ」
ㄜ		白鵝「ㄜ」
ㄝ		野狼「ㄝ」

ㄞ		菜籃「ㄞ」
ㄟ		尾巴「ㄟ」
ㄠ		凹下「ㄠ」
ㄡ		布偶「ㄡ」

ㄢ		安全帽「ㄢ」
ㄣ		溫泉「ㄣ」
ㄤ		張開「ㄤ」
ㄥ		鬧鐘「ㄥ」
ㄦ		兔耳朵「ㄦ」

二、結合韻口訣表

ㄧㄚ		鴨子「ㄚ」
ㄧㄛ		唉唷「ㄛ」
ㄧㄝ		耶誕樹「ㄝ」
ㄧㄞ		山崖「ㄞ」

ㄧㄠ		插腰「ㄠ」
ㄧㄡ		優秀「ㄡ」
ㄧㄢ		煙火「ㄢ」
ㄧㄣ		音樂「ㄣ」

一尢		插秧「 ㄤ̄ 」
一ㄥ		老鷹「 ㄥˊ 」
ㄨㄚ		青蛙「 ㄨㄚ 」
ㄨㄛ		鳥窩「 ㄨㄛ 」

ㄨㄞ		歪了「 ㄨㄞ 」
ㄨㄟ		枯萎「 ㄨㄟˇ 」
ㄨㄢ		豌豆「 ㄨㄢ 」
ㄨㄣ		溫度計「 ㄨㄣ 」

ㄨㄤ		汪汪叫「ㄨㄤ」
ㄨㄥ		不倒翁「ㄨㄥ」
ㄩㄝ		約會「ㄩㄝ」
ㄩㄢ		鴛鴦「ㄩㄢ」
ㄩㄣ		頭暈「ㄩㄣ」
ㄩㄥ		傭人「ㄩㄥ」

三、結合韻唸一唸，唸對請在（ ）中打 ✓

ㄨㄚ（ 　 ）

ㄨㄛ（ 　 ）

ㄨㄞ（ 　 ）

ㄨㄟ（ 　 ）

ㄨㄢ（ 　 ）

ㄨㄣ（ 　 ）

ㄨㄤ（ 　 ）

ㄨㄥ（ 　 ）

ㄩㄝ（ 　 ）

ㄩㄢ（　　）

ㄩㄣ（　　）

ㄩㄥ（　　）

ㄧㄚ（　　）

ㄧㄛ（　　）
唉唷！

ㄧㄝ（　　）

ㄧㄞ（　　）

ㄧㄠ（　　）

ㄧㄡ（　　）

一ㄢ（　　　）

一ㄣ（　　　）

一尢（　　　）

一ㄥ（　　　）

四ㄙˋ、注ㄓㄨˋ音ㄣ符ㄈㄨˊ號ㄏㄠˋ區ㄑㄩ分ㄈㄣ練ㄌㄧㄢˋ習ㄒㄧˊ

 ㄅ　有ㄧㄡˇ勾ㄍㄡ能ㄋㄥˊ當ㄉㄤ把ㄅㄚˇ手ㄕㄡˇ。

 ㄆ　有ㄧㄡˇ兩ㄌㄧㄤˇ腳ㄐㄧㄠˇ能ㄋㄥˊ跑ㄆㄠˇ步ㄅㄨˋ。

 ㄉ　是ㄕˋ刀ㄉㄠ子ㄗˇ有ㄧㄡˇ刀ㄉㄠ背ㄅㄟ。

 ㄌ　有ㄧㄡˇ弓ㄍㄨㄥ能ㄋㄥˊ拉ㄌㄚ琴ㄑㄧㄣˊ弦ㄒㄧㄢˊ。

【圈ㄑㄩㄢ出ㄔㄨ詞ㄘˊ語ㄩˇ中ㄓㄨㄥ有ㄧㄡˇ出ㄔㄨ現ㄒㄧㄢˋ的ㄉㄜ注ㄓㄨˋ音ㄧㄣ符ㄈㄨˊ號ㄏㄠˋ】

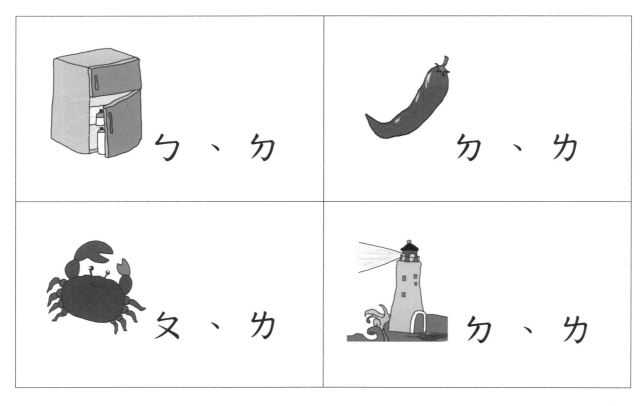

ㄇ 像ㄒㄧㄤ帽ㄇㄠ子ㄗ能ㄋㄥ遮ㄓㄜ陽ㄧㄤ。

ㄈ 像ㄒㄧㄤ肥ㄈㄟ皂ㄗㄠ能ㄋㄥ洗ㄒㄧ手ㄕㄡ。

ㄩ 像ㄒㄧㄤ魚ㄩ缸ㄍㄤ能ㄋㄥ養ㄧㄤ魚ㄩ。

【圈ㄑㄩㄢ出ㄔㄨ詞ㄘ語ㄩ中ㄓㄨㄥ有ㄧㄡ出ㄔㄨ現ㄒㄧㄢ的ㄉㄜ注ㄓㄨ音ㄧㄣ符ㄈㄨ號ㄏㄠ】

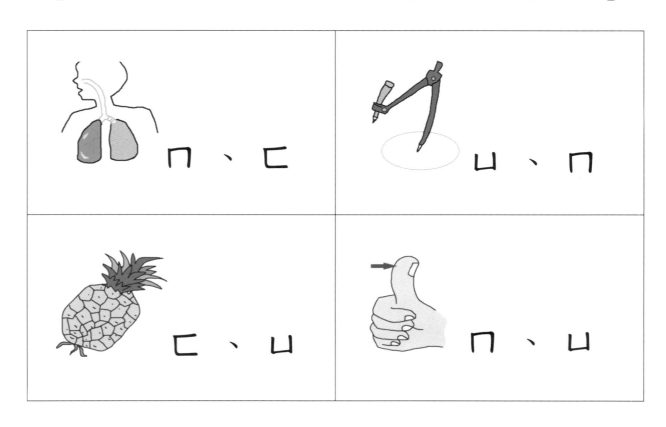

ㄛ 是ㄕ說ㄕㄨㄛ話ㄏㄨㄚ老ㄌㄠ婆ㄆㄛ婆ㄆㄛ。

 ㄜ 是ㄕ一ㄧ隻ㄓ抬ㄊㄞ頭ㄊㄡ鵝ㄜ。

 ㄣ 是ㄕ溫ㄨㄣ泉ㄑㄩㄢ會ㄏㄨㄟ冒ㄇㄠ煙ㄧㄢ。

 ㄥ 是ㄕ時ㄕ鐘ㄓㄨㄥ有ㄧㄡ指ㄓ針ㄓㄣ。

【圈ㄑㄩㄢ出ㄔㄨ詞ㄘ語ㄩ中ㄓㄨㄥ有ㄧㄡ出ㄔㄨ現ㄒㄧㄢ的ㄉㄜ注ㄓㄨ音ㄧㄣ符ㄈㄨ號ㄏㄠ】

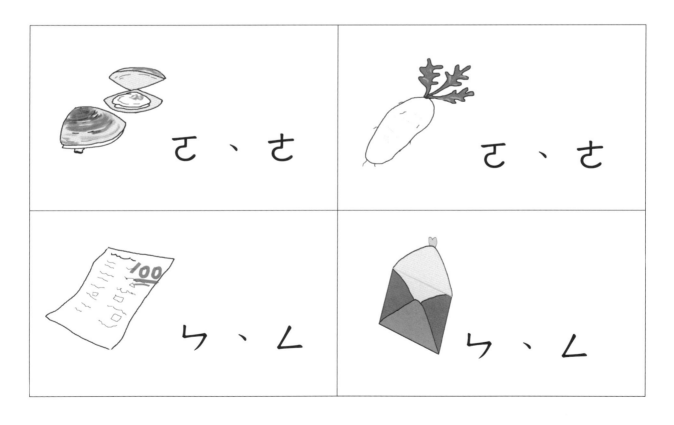

注ㄓㄨˋ音ㄧㄣ符ㄈㄨˊ號ㄏㄠˋ
書ㄕㄨ寫ㄒㄧㄝˇ練ㄌㄧㄢˋ習ㄒㄧˊ

一、找出躲在圖畫裡的注音符號，用色筆描一描

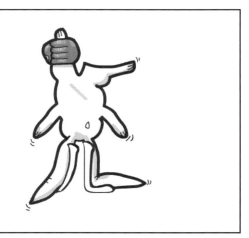

 把手「ㄅ」	ㄅ	ㄅ	ㄅ	ㄅ
 跑步「ㄆ」	ㄆ	ㄆ	ㄆ	ㄆ
 帽子「ㄇ」	ㄇ	ㄇ	ㄇ	ㄇ
 肥皂「ㄈ」	ㄈ	ㄈ	ㄈ	ㄈ
 刀子「ㄉ」	ㄉ	ㄉ	ㄉ	ㄉ

	ㄊ	ㄊ	ㄊ	ㄊ
體操「ㄊ」				
小鳥「ㄋ」	ㄋ	ㄋ	ㄋ	ㄋ
拉小提琴「ㄌ」	ㄌ	ㄌ	ㄌ	ㄌ
骨頭「ㄍ」	ㄍ	ㄍ	ㄍ	ㄍ
一棵樹「ㄎ」	ㄎ	ㄎ	ㄎ	ㄎ

喝水「厂」	厂	厂	厂	厂
積木「丩」	丩	丩	丩	丩
強壯「く」	く	く	く	く
吸管「ㄒ」	ㄒ	ㄒ	ㄒ	ㄒ
燭台「业」	业	业	业	业

串燒「ㄔ」	ㄔ	ㄔ	ㄔ	ㄔ
獅子「ㄕ」	ㄕ	ㄕ	ㄕ	ㄕ
日出「ㄖ」	ㄖ	ㄖ	ㄖ	ㄖ
走路「ㄗ」	ㄗ	ㄗ	ㄗ	ㄗ
稻草人「ㄘ」	ㄘ	ㄘ	ㄘ	ㄘ

白鷺鷥「ㄙ」	ㄙ	ㄙ	ㄙ	ㄙ
衣服「一」	一	一	一	一
襪子「ㄨ」	ㄨ	ㄨ	ㄨ	ㄨ
魚缸「ㄩ」	ㄩ	ㄩ	ㄩ	ㄩ
叉子「ㄚ」	ㄚ	ㄚ	ㄚ	ㄚ

說話「ㄛ」	ㄛ	ㄛ	ㄛ	ㄛ
白鵝「ㄜ」	ㄜ	ㄜ	ㄜ	ㄜ
野狼「ㄝ」	ㄝ	ㄝ	ㄝ	ㄝ
菜籃「ㄞ」	ㄞ	ㄞ	ㄞ	ㄞ
尾巴「ㄟ」	ㄟ	ㄟ	ㄟ	ㄟ

凹 四下「ㄠ」	ㄠ	ㄠ	ㄠ	ㄠ
布偶「ㄨ」	ㄨ	ㄨ	ㄨ	ㄨ
安全帽「ㄢ」	ㄢ	ㄢ	ㄢ	ㄢ
溫泉「ㄣ」	ㄣ	ㄣ	ㄣ	ㄣ
張開「ㄤ」	ㄤ	ㄤ	ㄤ	ㄤ

鬧鐘「ㄙ」	ㄙ	ㄙ	ㄙ	ㄙ
兔耳朵「ㄦ」	ㄦ	ㄦ	ㄦ	ㄦ

三ㄙㄢ、結ㄐㄧㄝˊ合ㄏㄜˊ韻ㄩㄣˋ寫ㄒㄧㄝˇ一ㄧˋ寫ㄒㄧㄝˇ

鴨子「ㄚ」	ㄚ	ㄚ	ㄚ	ㄚ	ㄚ
唉唷「ㄛ」	ㄛ	ㄛ	ㄛ	ㄛ	
耶誕樹「ㄝ」	ㄝ	ㄝ	ㄝ	ㄝ	
山崖「ㄞ」	ㄞ	ㄞ	ㄞ	ㄞ	
插腰「ㄠ」	ㄠ	ㄠ	ㄠ	ㄠ	

 優秀「ㄡ」	ㄡ	ㄡ	ㄡ	ㄡ
 煙火「ㄢ」	ㄢ	ㄢ	ㄢ	ㄢ
 音樂「ㄣ」	ㄣ	ㄣ	ㄣ	ㄣ
 插秧「ㄤ」	ㄤ	ㄤ	ㄤ	ㄤ
 老鷹「ㄥ」	ㄥ	ㄥ	ㄥ	ㄥ

青蛙「ㄨㄚ」	ㄨㄚ	ㄨㄚ	ㄨㄚ	ㄨㄚ
鳥窩「ㄨㄛ」	ㄨㄛ	ㄨㄛ	ㄨㄛ	ㄨㄛ
歪了「ㄨㄞ」	ㄨㄞ	ㄨㄞ	ㄨㄞ	ㄨㄞ
枯萎「ㄨㄟ」	ㄨㄟ	ㄨㄟ	ㄨㄟ	ㄨㄟ
豌豆「ㄨㄢ」	ㄨㄢ	ㄨㄢ	ㄨㄢ	ㄨㄢ

溫度計「ㄨㄣ」	ㄨㄣ	ㄨㄣ	ㄨㄣ	ㄨㄣ
汪汪叫「ㄨㄤ」	ㄨㄤ	ㄨㄤ	ㄨㄤ	ㄨㄤ
不倒翁「ㄨㄥ」	ㄨㄥ	ㄨㄥ	ㄨㄥ	ㄨㄥ
約會「ㄩㄝ」	ㄩㄝ	ㄩㄝ	ㄩㄝ	ㄩㄝ
鴛鴦「ㄩㄢ」	ㄩㄢ	ㄩㄢ	ㄩㄢ	ㄩㄢ

 頭暈「ㄩㄣ」	ㄩㄣ	ㄩㄣ	ㄩㄣ	ㄩㄣ
 傭人「ㄩㄥ」	ㄩㄥ	ㄩㄥ	ㄩㄥ	ㄩㄥ

四ㄙˋ、聲ㄕㄥ調ㄉㄧㄠˋ：在ㄗㄞˋ框ㄎㄨㄤ格ㄍㄜˊ中ㄓㄨㄥ填ㄊㄧㄢˊ入ㄖㄨˋ聲ㄕㄥ調ㄉㄧㄠˋ，再ㄗㄞˋ唸ㄋㄧㄢˋ唸ㄋㄧㄢˋ看ㄎㄢˋ

一聲	用法：聲調溫柔輕鬆唸，符號看不見，所以不用寫。			
✏	風ㄈㄥ	燈ㄉㄥ	貓ㄇㄠ	車ㄔㄜ
👄	開ㄎㄞ車ㄔㄜ		風ㄈㄥ箏ㄓㄥ	

/二聲	用法：聲調往上飛，符號往上挑，請寫在右邊。			
✏	縫ㄈㄥ	狼ㄌㄤ□	魚ㄩ□	蟲ㄔㄨㄥ□
👄	蝴ㄏㄨˊ蝶ㄉㄧㄝˊ		划ㄏㄨㄚˊ船ㄔㄨㄢˊ	

∨三聲	用法：聲調下降再往上，符號打個勾，請寫在右邊。			
✏	狗ㄍㄡˇ	草ㄘㄠ□	傘ㄙㄢ□	水ㄕㄨㄟ□
👄	雨ㄩˇ傘ㄙㄢˇ		水ㄕㄨㄟˇ餃ㄐㄧㄠˇ	

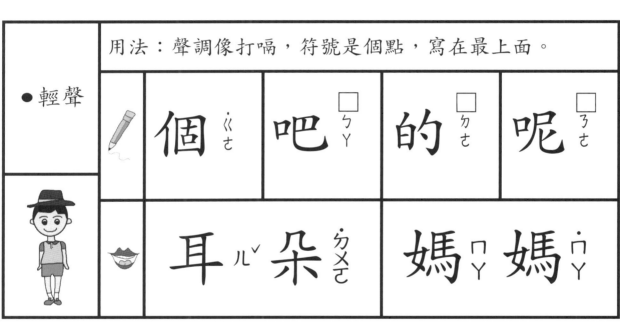

╲四聲	用法：聲調用力往下推，符號向下撇，請寫在右邊。			
	✏	罵ㄇㄚ	樹ㄕㄨ□	笑ㄒㄧㄠ□	換ㄏㄨㄢ□
	👄	樹ㄕㄨ 葉ㄧㄝ		放ㄈㄤ 假ㄐㄧㄚ	

●輕聲	用法：聲調像打嗝，符號是個點，寫在最上面。			
	✏	個ㄍㄜ	吧□ㄅㄚ	的□ㄉㄜ	呢□ㄋㄜ
	👄	耳ㄦ 朵ㄉㄨㄛ		媽ㄇㄚ 媽ㄇㄚ	

一ㄚ	家（ㄐㄧㄚ）、蝦（ㄒㄧㄚ）、牙（ㄧㄚ）齒（ㄔ）、夾（ㄐㄧㄚ）子（ㄗ）、下（ㄒㄧㄚ）雨（ㄩ）
一ㄥ	眼（ㄧㄢ）睛（ㄐㄧㄥ）、生（ㄕㄥ）病（ㄅㄧㄥ）、餅（ㄅㄧㄥ）乾（ㄍㄢ）、蜻（ㄑㄧㄥ）蜓（ㄊㄧㄥ）、檸（ㄋㄧㄥ）檬（ㄇㄥ）、瓶（ㄆㄧㄥ）子（ㄗ）
一ㄣ	拼（ㄆㄧㄣ）圖（ㄊㄨ）、森（ㄙㄣ）林（ㄌㄧㄣ）、彈（ㄊㄢ）琴（ㄑㄧㄣ）、蚯（ㄑㄧㄡ）蚓（ㄧㄣ）、親（ㄑㄧㄣ）吻（ㄨㄣ）、印（ㄧㄣ）章（ㄓㄤ）
一ㄝ	蝴（ㄏㄨ）蝶（ㄉㄧㄝ）、獵（ㄌㄧㄝ）人（ㄖㄣ）、姊（ㄐㄧㄝ）姊（ㄐㄧㄝ）、寫（ㄒㄧㄝ）字（ㄗ）、鞋（ㄒㄧㄝ）子（ㄗ）、茄（ㄑㄧㄝ）子（ㄗ）
一ㄤ	香（ㄒㄧㄤ）蕉（ㄐㄧㄠ）、手（ㄕㄡ）槍（ㄑㄧㄤ）、月（ㄩㄝ）亮（ㄌㄧㄤ）、大（ㄉㄚ）象（ㄒㄧㄤ）、太（ㄊㄞ）陽（ㄧㄤ）、中（ㄓㄨㄥ）央（ㄧㄤ）
一ㄠ	小（ㄒㄧㄠ）鳥（ㄋㄧㄠ）、聊（ㄌㄧㄠ）天（ㄊㄧㄢ）、瓢（ㄆㄧㄠ）蟲（ㄔㄨ）、釣（ㄉㄧㄠ）魚（ㄩ）、跳（ㄊㄧㄠ）舞（ㄨ）、睡（ㄕㄨ）覺（ㄐㄧㄠ）
一ㄡ	丟（ㄉㄧㄡ）球（ㄑㄧㄡ）、乳（ㄖㄨ）牛（ㄋㄧㄡ）、鈕（ㄋㄧㄡ）釦（ㄎㄡ）、溜（ㄌㄧㄡ）溜（ㄌㄧㄡ）球（ㄑㄧㄡ）、溜（ㄌㄧㄡ）滑（ㄏㄨ）梯（ㄊㄧ）、游（ㄧㄡ）泳（ㄩㄥ）
一ㄢ	照（ㄓㄠ）片（ㄆㄧㄢ）、綿（ㄇㄧㄢ）羊（ㄧㄤ）、泡（ㄆㄠ）麵（ㄇㄧㄢ）、字（ㄗ）典（ㄉㄧㄢ）、田（ㄊㄧㄢ）地（ㄉㄧ）、項（ㄒㄧㄤ）鍊（ㄌㄧㄢ）

一ㄞ	山（ㄕㄢ）崖（ㄧㄞ）	一ㄛ	唉（ㄞ）唷（ㄛ）

ㄨㄟ	大（ㄉㄚ）腿（ㄊㄨㄟ）、尾（ㄨㄟ）巴（ㄅㄚ）、喝（ㄏㄜ）水（ㄕㄨㄟ）、烏（ㄨ）龜（ㄍㄨㄟ）、睡（ㄕㄨ）覺（ㄐㄩㄝ）、鬼（ㄍㄨㄟ）、嘴（ㄗㄨㄟ）巴（ㄅㄚ）

ㄨㄢ	關門、手環、帆船、玩球、湯碗、水管
ㄨㄣ	問題、蚊子、輪胎、海豚、結婚、親吻
ㄨㄛ	火把、拖鞋、蘿蔔、駱駝、桌子、果凍
ㄨㄞ	怪物、拐杖、筷子、懷孕、壞人
ㄨㄤ	窗戶、床單、相框、獎狀
ㄨㄚ	小花、西瓜、洋娃娃、襪子、牙刷、畫畫
ㄨㄥ	山洞、兒童、農夫、公主、松鼠、毛毛蟲
ㄩㄝ	學校、月亮、約會、麻雀、下雪、音樂
ㄩㄢ	考卷、圓形、杜鵑花、蛋捲、畫圈
ㄩㄣ	白雲、裙子、軍人、懷孕、運動、尋找
ㄩㄥ	窮人、黑熊、用功

六、我會寫出語詞

ㄧㄚ	ㄧㄚ ˙ㄗ	ㄒㄧㄚ ˙ㄗ	ㄧㄚˊ ㄔˇ	ㄒㄧㄚˋ ㄩˇ
ㄧㄥ				
ㄧㄝ				
ㄧㄤ				
ㄧㄠ				
ㄧㄡ				
ㄧㄢ				
ㄧㄣ				

ㄨㄛ			
ㄨㄞ			
ㄨㄟ			
ㄨㄢ			
ㄨㄣ			
ㄨㄤ			
ㄨㄥ			
ㄩㄝ			

一ㄞ				
ㄨㄚ				
一ㄛ				
ㄩㄢ				
ㄩㄣ				
ㄩㄥ				

七、我會寫拼音並造詞

一ㄚ	一ㄥ	一ㄝ	一ㄤ	一ㄠ	一ㄡ	一ㄢ	一ㄣ	一ㄞ	一ㄛ	ㄩㄥ
ㄐㄧㄚ										
ㄐㄧㄚˋ ㄖㄣˊ										

ㄨㄚ	ㄨㄛ	ㄨㄞ	ㄨㄟ	ㄨㄢ	ㄨㄣ	ㄨㄤ	ㄨㄥ	ㄩㄝ	ㄩㄢ	ㄩㄣ

七、我會寫拼音並造詞

注ㄓㄨˋ音ㄧㄣ短ㄉㄨㄢˇ文ㄨㄣˊ
朗ㄌㄤˇ讀ㄉㄨˊ練ㄌㄧㄢˋ習ㄒㄧˊ

ㄅ

王ㄨㄤ 爸ㄅㄚ 爸ㄅㄚ ，

拿ㄋㄚˊ 茶ㄔㄚˊ 杯ㄅㄟ ，

握ㄨㄛˋ 把ㄅㄚˇ 手ㄕㄡˇ ，

慢ㄇㄢˋ 步ㄅㄨˋ 走ㄗㄡˇ 。

ㄆ

小ㄒㄧㄠˇ朋ㄆㄥˊ友ㄧㄡˇ，

愛ㄞˋ跑ㄆㄠˇ步ㄅㄨˋ，

踢ㄊㄧ皮ㄆㄧˊ球ㄑㄧㄡˊ，

排ㄆㄞˊ隊ㄉㄨㄟˋ走ㄗㄡˇ。

ㄇ

小ㄒㄧㄠˇ妹ㄇㄟˋ妹ㄇㄟˋ，

戴ㄉㄞˋ帽ㄇㄠˋ子ㄗˇ，

陪ㄆㄟˊ媽ㄇㄚ媽ㄇㄚ，

買ㄇㄞˇ草ㄘㄠˇ莓ㄇㄟˊ。

ㄈ

小_{ㄒㄧㄠˇ}肥_{ㄈㄟˊ}皂_{ㄗㄠˋ}，

非_{ㄈㄟ}常_{ㄔㄤˊ}妙_{ㄇㄧㄠˋ}，

像_{ㄒㄧㄤ}房_{ㄈㄤˊ}子_{ㄗ˙}，

像_{ㄒㄧㄤ}飛_{ㄈㄟ}機_{ㄐㄧ}。

ㄉ

客ㄎㄜ人ㄖㄣ到ㄉㄠˋ，

忙ㄇㄤˊ招ㄓㄠ待ㄉㄞˋ，

拿ㄋㄚˊ刀ㄉㄠ子ㄗ，

切ㄑㄧㄝ蛋ㄉㄢˋ糕ㄍㄠ。

ㄊ　　　小ㄒㄧㄠˇ兔ㄊㄨˋ子ㄗ˙，

　　　做ㄗㄨㄛˋ體ㄊㄧˇ操ㄘㄠ，

　　　先ㄒㄧㄢ抬ㄊㄞˊ腳ㄐㄧㄠˇ，

　　　後ㄏㄡˋ踢ㄊㄧ腿ㄊㄨㄟˇ。

ㄋ

小ㄒㄧㄠˇ男ㄋㄢˊ孩ㄏㄞˊ，

在ㄗㄞˋ農ㄋㄨㄥˊ場ㄔㄤˇ，

喝ㄏㄜ牛ㄋㄧㄡˊ奶ㄋㄞˇ，

看ㄎㄢˋ飛ㄈㄟ鳥ㄋㄧㄠˇ。

ㄌ

李ㄌㄧˇ老ㄌㄠˇ師ㄕ，

提ㄊㄧˊ菜ㄘㄞˋ籃ㄌㄢˊ，

過ㄍㄨㄛˋ馬ㄇㄚˇ路ㄌㄨˋ，

買ㄇㄞˇ梨ㄌㄧˊ子ㄗˇ。

ㄍ

小ㄒㄧㄠˇ花ㄏㄨㄚ狗ㄍㄡˇ，

看ㄎㄢˋ骨ㄍㄨˇ頭ㄊㄡ，

真ㄓㄣ高ㄍㄠ興ㄒㄧㄥˋ，

忙ㄇㄤˊ打ㄉㄚˇ滾ㄍㄨㄣˇ。

ㄎ

一ˋ棵ㄎㄜ 樹ㄕㄨ ，

開ㄎㄞ 滿ㄇㄢˇ 花ㄏㄨㄚ ，

小ㄒㄧㄠˇ 昆ㄎㄨㄣ 蟲ㄔㄨㄥˊ ，

快ㄎㄨㄞˋ 賞ㄕㄤˇ 花ㄏㄨㄚ 。

ㄏ

小ㄒㄧㄠˇ猴ㄏㄡˊ子ㄗ，

想ㄒㄧㄤˇ喝ㄏㄜ水ㄕㄨㄟˇ，

到ㄉㄠˋ河ㄏㄜˊ邊ㄅㄧㄢ，

裝ㄓㄨㄤ壺ㄏㄨˊ水ㄕㄨㄟˇ。

ㄐ

假ㄐㄧㄚˇ日ㄖˋ時ㄕˊ，

在ㄗㄞˋ家ㄐㄧㄚ裡ㄌㄧˇ，

堆ㄉㄨㄟ積ㄐㄧ木ㄇㄨˋ，

摺ㄓㄜˊ飛ㄈㄟ機ㄐㄧ。

く

星_{ㄒㄧㄥ}期_{ㄑㄧˊ}天_{ㄊㄧㄢ}，

真_{ㄓㄣ}期_{ㄑㄧˊ}待_{ㄉㄞˋ}，

先_{ㄒㄧㄢ}騎_{ㄑㄧˊ}車_{ㄔㄜ}，

再_{ㄗㄞˋ}打_{ㄉㄚˇ}球_{ㄑㄧㄡˊ}。

ㄒ

洗ㄒㄧˇ洗ㄒㄧˇ手ㄕㄡˇ，

插ㄔㄚ吸ㄒㄧ管ㄍㄨㄢˇ，

西ㄒㄧ瓜ㄍㄨㄚ汁ㄓ，

香ㄒㄧㄤ又ㄧㄡˋ甜ㄊㄧㄢˊ。

ㄓ

小ㄒㄧㄠˇ主ㄓㄨˇ人ㄖㄣˊ，

燭ㄓㄨˊ台ㄊㄞˊ上ㄕㄤˋ，

點ㄉㄧㄢˇ蠟ㄌㄚˋ燭ㄓㄨˊ，

寫ㄒㄧㄝˇ祝ㄓㄨˋ福ㄈㄨˊ。

彳

大（ㄉㄚˋ）廚（ㄔㄨˊ）師（ㄕ），

穿（ㄔㄨㄢ）圍（ㄨㄟˊ）裙（ㄑㄩㄣˊ），

插（ㄔㄚ）牛（ㄋㄧㄡˊ）肉（ㄖㄡˋ），

做（ㄗㄨㄛˋ）串（ㄔㄨㄢˋ）燒（ㄕㄠ）。

ㄕ

小ㄒㄧㄠ 獅ㄕ 子ㄗ˙，

說ㄕㄨㄛ 故ㄍㄨˋ 事ㄕˋ，

小ㄒㄧㄠ 老ㄌㄠˇ 鼠ㄕㄨˇ，

來ㄌㄞˊ 數ㄕㄨˇ 數ㄕㄨˋ。

日

假ㄐㄧㄚˇ日ㄖˋ到ㄉㄠˋ，

看ㄎㄢˋ日ㄖˋ出ㄔㄨ，

忙ㄇㄤˊ烤ㄎㄠˇ肉ㄖㄡˋ，

真ㄓㄣ熱ㄖㄜˋ鬧ㄋㄠˋ。

ㄗ

小ㄒㄠˇ孩ㄏㄞˊ子ㄗˇ，

一ㄧˋ早ㄗㄠˇ起ㄑㄧˇ，

在ㄗㄞˋ公ㄍㄨㄥ園ㄩㄢˊ，

踢ㄊㄧ足ㄗㄨˊ球ㄑㄧㄡˊ。

ㄘ

小ㄒㄧㄠˇ村ㄘㄨㄣ莊ㄓㄨㄤ，

有ㄧㄡˇ菜ㄘㄞˋ園ㄩㄢˊ，

稻ㄉㄠˋ草ㄘㄠˇ人ㄖㄣˊ，

拿ㄋㄚˊ菜ㄘㄞˋ籃ㄌㄢˊ。

ㄙ

寺ㄙˋ廟ㄇㄧㄠˋ前ㄑㄧㄢˊ，

松ㄙㄨㄥ樹ㄕㄨˋ高ㄍㄠ，

白ㄅㄞˊ鷺ㄌㄨˋ鷥ㄙ，

隨ㄙㄨㄟˊ風ㄈㄥ飛ㄈㄟ。

一　　小_{ㄒㄧㄠ}丫_{ㄧㄚ}頭_{ㄊㄡ}，

穿_{ㄔㄨㄢ}黃_{ㄏㄨㄤ}衣_ㄧ，

牙_{ㄧㄚ}齒_{ㄔˇ}疼_{ㄊㄥ}，

看_{ㄎㄢ}牙_{ㄧㄚ}醫_ㄧ。

ㄨ

窗ㄔㄨㄤ 戸ㄏㄨˋ 外ㄨㄞˋ，

烏ㄨ 雲ㄩㄣˊ 飄ㄆㄧㄠ，

長ㄔㄤˊ 襪ㄨㄚˋ 子ㄗ˙，

掛ㄍㄨㄚˋ 屋ㄨ 內ㄋㄟˋ。

ㄩ　　小_{ㄒㄧㄠˇ}女_{ㄋㄩˇ}孩_{ㄏㄞˊ}，

　　　撐_{ㄔㄥ}雨_{ㄩˇ}傘_{ㄙㄢˇ}，

　　　與_{ㄩˇ}媽_{ㄇㄚ}媽_{ㄇㄚ}，

　　　買_{ㄇㄞˇ}魚_{ㄩˊ}缸_{ㄍㄤ}。

Y

小（ㄒㄧㄠ）花（ㄏㄨㄚ）童（ㄊㄨㄥ），

撒（ㄙㄚ）花（ㄏㄨㄚ）瓣（ㄅㄢ），

拿（ㄋㄚ）叉（ㄔㄚ）子（ㄗ），

吃（ㄔ）西（ㄒㄧ）瓜（ㄍㄨㄚ）。

ㄛ

啄(ㄓㄨㄛˊ)木(ㄇㄨˋ)鳥(ㄋㄧㄠˇ)，

躲(ㄉㄨㄛˇ)樹(ㄕㄨˋ)上(ㄕㄤˋ)，

做(ㄗㄨㄛˋ)鳥(ㄋㄧㄠˇ)窩(ㄨㄛ)，

愛(ㄞˋ)說(ㄕㄨㄛ)話(ㄏㄨㄚˋ)。

ㄜ

大ㄉㄚˋ白ㄅㄞˊ鵝ㄜˊ，

愛ㄞˋ唱ㄔㄤˋ歌ㄍㄜ，

肚ㄉㄨˋ子ㄗ˙餓ㄜˋ，

吃ㄔ又ㄧㄡˋ喝ㄏㄜ。

ㄝ

深ㄕㄣ夜ㄧㄝˋ裡ㄌㄧˇ，

大ㄉㄚˋ野ㄧㄝˇ狼ㄌㄤˊ，

穿ㄔㄨㄢ新ㄒㄧㄣ鞋ㄒㄧㄝˊ，

去ㄑㄩˋ約ㄩㄝ會ㄏㄨㄟˋ。

ㄞ

老ㄌㄠˇ奶ㄋㄞˇ奶ㄋㄞ，

愛ㄞˋ煮ㄓㄨˇ菜ㄘㄞˋ，

提ㄊㄧˊ菜ㄘㄞˋ籃ㄌㄢˊ，

買ㄇㄞˇ青ㄑㄧㄥ菜ㄘㄞˋ。

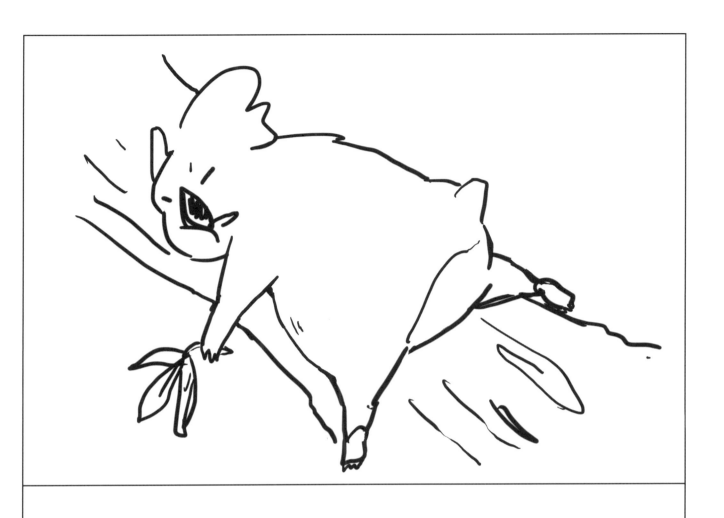

ㄟ

無ㄨˊ尾ㄨㄟˇ熊ㄒㄩㄥˊ，

伸ㄕㄣ長ㄔㄤˊ腿ㄊㄨㄟˇ，

愛ㄞˋ睡ㄕㄨㄟˋ覺ㄐㄧㄠˋ，

變ㄅㄧㄢˋ肥ㄈㄟˊ胖ㄆㄤˋ。

ㄠ

貓（ㄇㄠ）頭（ㄊㄡˊ）鷹（ㄧㄥ），

買（ㄇㄞˇ）香（ㄒㄧㄤ）蕉（ㄐㄧㄠ），

做（ㄗㄨㄛˋ）蛋（ㄉㄢˋ）糕（ㄍㄠ），

真（ㄓㄣ）好（ㄏㄠˇ）吃（ㄔ）。

ㄡ

小ㄒㄧㄠˇ朋ㄆㄥˊ友ㄧㄡˇ，

用ㄩㄥˋ雙ㄕㄨㄤ手ㄕㄡˇ，

縫ㄈㄥˊ布ㄅㄨˋ偶ㄡˇ，

扣ㄎㄡˋ鈕ㄋㄧㄡˇ釦ㄎㄡˋ。

ㄢ

星_{ㄒㄧㄥ}期_{ㄑㄧ}天_{ㄊㄧㄢ}，

騎_{ㄑㄧ}單_{ㄉㄢ}車_{ㄔㄜ}，

安_ㄢ全_{ㄑㄩㄢ}帽_{ㄇㄠ}，

先_{ㄒㄧㄢ}準_{ㄓㄨㄣ}備_{ㄅㄟ}。

ㄣ

森ㄙㄣ林ㄌㄧㄣˊ裡ㄌㄧˇ，

泡ㄆㄠˋ溫ㄨㄣ泉ㄑㄩㄢˊ，

看ㄎㄢˋ白ㄅㄞˊ雲ㄩㄣˊ，

好ㄏㄠˇ心ㄒㄧㄣ情ㄑㄧㄥˊ。

九　大(ㄅㄚˋ)螃(ㄆㄤˊ)蟹(ㄒㄧㄝˋ)，

　　曬(ㄕㄞˋ)太(ㄊㄞˋ)陽(ㄧㄤˊ)，

　　張(ㄓㄤ)開(ㄎㄞ)手(ㄕㄡˇ)，

　　暖(ㄋㄨㄢˇ)洋(ㄧㄤ)洋(ㄧㄤ)。

ㄥ

冬ㄉㄨㄥ天ㄊㄧㄢ到ㄉㄠ，

大ㄉㄚ恐ㄎㄨㄥˇ龍ㄌㄨㄥˊ，

看ㄎㄢ鬧ㄋㄠˋ鐘ㄓㄨㄥ，

做ㄗㄨㄛˋ餅ㄅㄧㄥˇ乾ㄍㄢ。

ㄦ

星ㄒㄧㄥ期ㄑㄧ二ㄦ，

長ㄔㄤ耳ㄦ兔ㄊㄨ，

買ㄇㄞ魚ㄩ餌ㄦ，

釣ㄉㄧㄠ魚ㄩ兒ㄦ。

看ㄎㄢ圖ㄊㄨˊ寫ㄒㄧㄝˇ出ㄔㄨ
注ㄓㄨˋ音ㄧㄣ符ㄈㄨˊ號ㄏㄠˋ

	爸爸	茶杯	把手	慢步
	朋友	跑步	皮球	排隊
	妹妹	帽子	媽媽	草莓

	肥皂 □	非常 □	房子 □	飛機 □
	到 □	招待 □	刀子 □	蛋糕 □
	兔子 □	體操 □	抬腳 □	踢腿 □

	男孩	農場	牛奶	飛鳥
	老師	菜籃	馬路	梨子
	花狗	骨頭	高興	打滾

	一 棵	開 滿	昆 蟲	快
	猴 子	喝 水	河 邊	裝 壺 水
	假 日	家 裡	積 木	飛 機

打球	騎車	期待	星期
香又甜	西瓜	吸管	洗手
祝福	蠟燭	燭台	主人

	廚師	穿	插
	獅子	故事	老鼠
	假日	日出	烤肉

串燒

數數

熱鬧

足球 □
菜籃 □
隨 □

孩子 □
早起 □
在 □
稻草人 □
白鷺鷥 □

村莊 □
菜園 □
松樹 □
寺廟 □

	丫頭	黃衣	牙齒	牙醫
	外	烏雲	長襪	屋內
	女孩	雨傘	與	魚缸

	花	撒	叉	西
	童	花	子	瓜
	啄		鳥	說
	木	躲	窩	話
	鳥			
	白	唱	餓	吃
	鵝	歌		又
				喝

深夜	野狼	新鞋	約會
奶奶	愛	菜籃	買
無尾熊	腿	睡覺	肥胖

	貓 頭 鷹	香 蕉	蛋 糕	好 吃
	朋 友	雙 手	布 偶	鈕 釦
	星 期 天	單 車	安 全 帽	先

	森林	溫泉	白雲	心情
	螃蟹	太陽	張開	暖洋洋
	冬天	恐龍	鬧鐘	餅乾

星	
期	
二	

長	
耳	

魚	
餌	

魚	
兒	

牛ㄋㄧㄡˊ 刀ㄉㄠ 小ㄒㄧㄠˇ 試ㄕˋ

一、注ㄓㄨ音ㄧㄣ符ㄈㄨ號ㄏㄠ接ㄐㄧㄝ龍ㄌㄨㄥ

請ㄑㄧㄥ依ㄧ照ㄓㄠ37個ㄍㄜ注ㄓㄨ音ㄧㄣ符ㄈㄨ號ㄏㄠ的ㄉㄜ順ㄕㄨㄣ序ㄒㄩ，將ㄐㄧㄤ

附ㄈㄨ件ㄐㄧㄢ1的ㄉㄜ注ㄓㄨ音ㄧㄣ符ㄈㄨ號ㄏㄠ貼ㄊㄧㄝ紙ㄓ依ㄧ序ㄒㄩ貼ㄊㄧㄝ在ㄗㄞ

列ㄌㄧㄝ車ㄔㄜ上ㄕㄤ。

二ㄦˋ、結ㄐㄧㄝˊ合ㄏㄜˊ韻ㄩㄣˋ發ㄈㄚ音ㄧㄣ練ㄌㄧㄢˋ習ㄒㄧˊ

請ㄑㄧㄥˇ將ㄐㄧㄤ 附ㄈㄨˋ件ㄐㄧㄢˋ2 的ㄉㄜ˙圖ㄊㄨˊ片ㄆㄧㄢˋ貼ㄊㄧㄝ紙ㄓˇ，貼ㄊㄧㄝ在ㄗㄞˋ結ㄐㄧㄝˊ合ㄏㄜˊ韻ㄩㄣˋ符ㄈㄨˊ號ㄏㄠˋ的ㄉㄜ˙下ㄒㄧㄚˋ方ㄈㄤ。

1 ㄩㄣ	2 ㄨㄟ	3 ㄧㄚ	4 ㄩㄝ	5 ㄧㄢ
6 ㄧㄠ	7 ㄩㄢ	8 ㄨㄛ	9 ㄧㄥ	10 ㄨㄤ
11 ㄩㄥ	12 ㄨㄞ	13 ㄧㄡ	14 ㄨㄥ	15 ㄧㄛ

16 ㄧㄣ	17 ㄨㄣ	18 ㄧㄞ	19 ㄨㄢ	20 ㄧㄤ

21 ㄨㄚ	22 ㄧㄝ	總ㄗㄨㄥˇ共ㄍㄨㄥˋ 22 題ㄊㄧˊ
		我ㄨㄛˇ答ㄉㄚˊ對ㄉㄨㄟˋ了ㄌㄜ˙ ( )題ㄊㄧˊ

三、拼音練習：雙拼

先拼音，再從 附件 3 找出和讀音相同的字詞貼紙貼上。

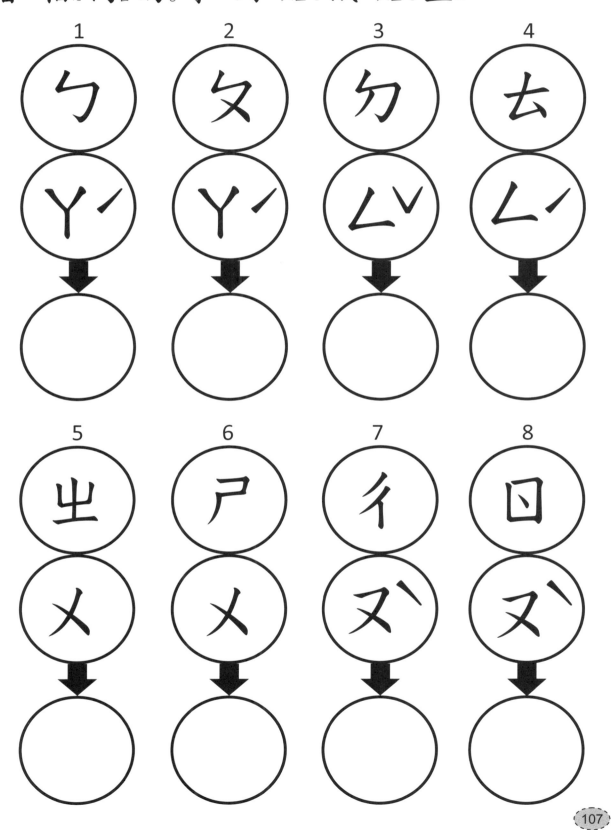

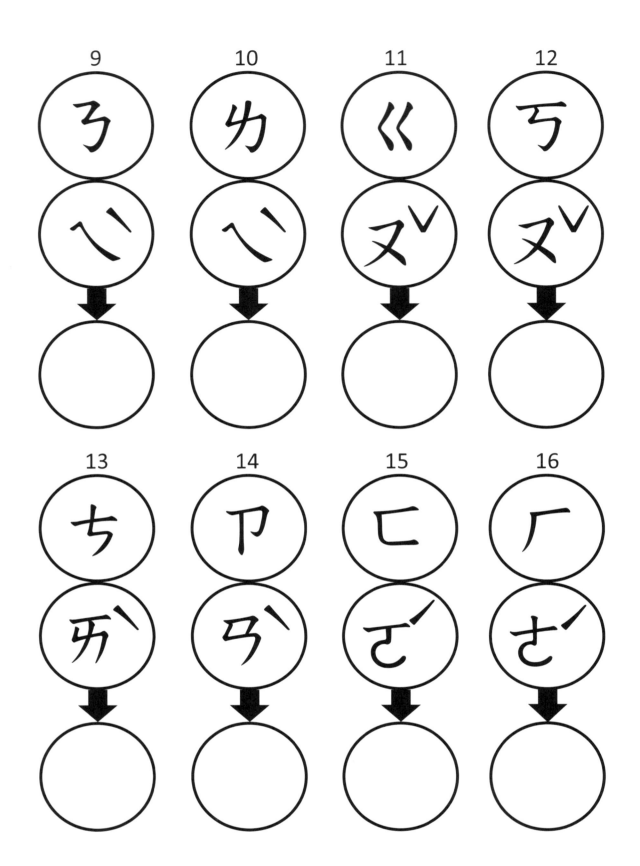

四、拼音練習：三拼

先拼音，再從 附件 4 找出和讀音相同的字詞貼紙貼上。

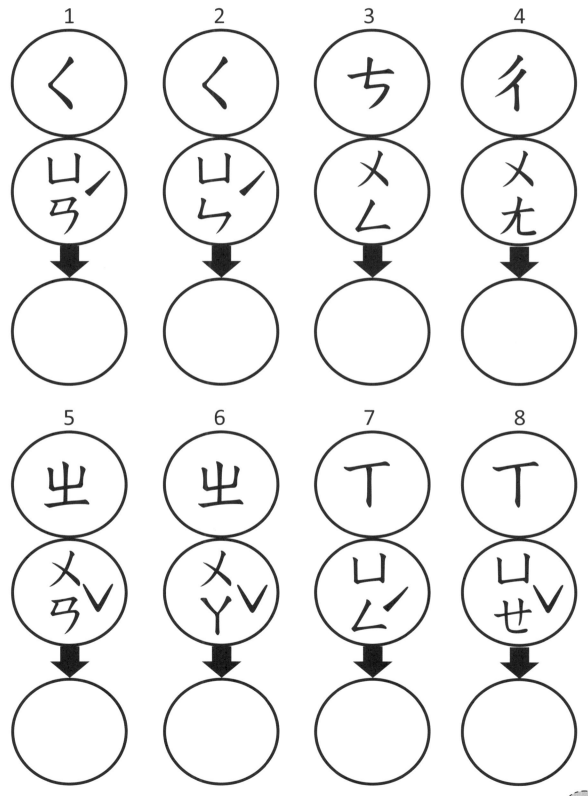

1　く　ㄩㄢˊ
2　く　ㄩㄣˊ
3　ㄅ　ㄨㄥ
4　ㄔ　ㄨㄤ
5　ㄓ　ㄨㄢˇ
6　ㄓ　ㄨㄚˇ
7　ㄒ　ㄩㄥˊ
8　ㄒ　ㄩㄝˇ

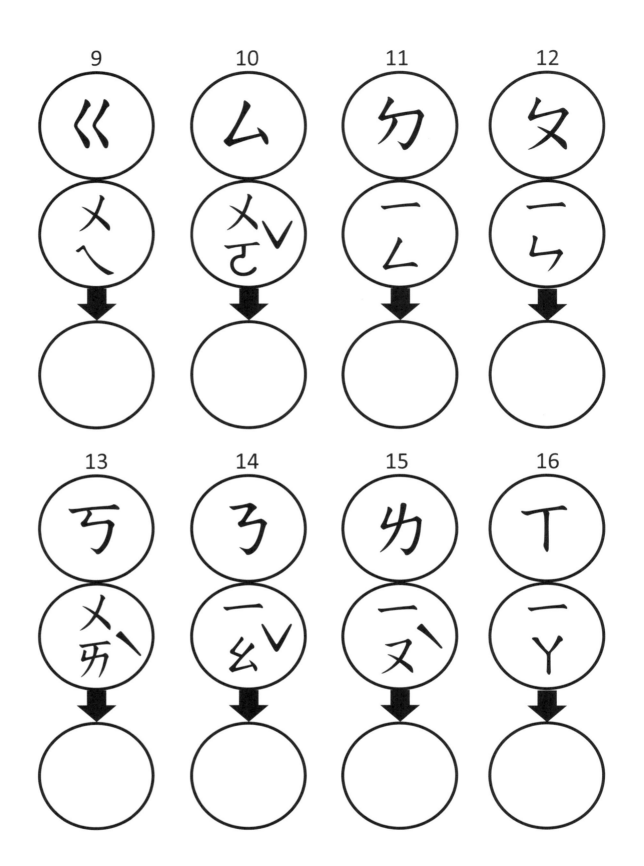

五、發音練習

請唸出正確的語詞，唸對請在下方打 ✓ 。

注意：ㄓ捲舌，ㄗ「不」捲舌。

報紙	包子	摘下	火災	蚱蜢	雜草	賺錢	鑽石	文章	髒亂

注意：ㄔ捲舌，ㄘ「不」捲舌。

吃飯	毒刺	泳池	陶瓷	出門	粗細	鈔票	操練	吵架	稻草

注意ˋ：ㄕ捲ㄐㄩㄢ舌ㄕㄜˊ，ㄙ「不ㄅㄨ」捲ㄐㄩㄢ舌ㄕㄜˊ。

獅ㄕ吼ㄏㄡ	鷺ㄌㄨ鷥ㄙ	市ㄕ集ㄐㄧ	寺ㄙ廟ㄇㄧㄠ	閃ㄕㄢ電ㄉㄧㄢ	雨ㄩ傘ㄙㄢ	生ㄕㄥ活ㄏㄨㄛ	森ㄙㄣ林ㄌㄧㄣ	白ㄅㄞ蛇ㄕㄜ	白ㄅㄞ色ㄙㄜ

注意ˋ：ㄣ = ㄜ+ㄋ收ㄕㄡ前ㄑㄧㄢ鼻ㄅㄧˊ音ㄧㄣ，
ㄥ 收ㄕㄡ後ㄏㄡˋ鼻ㄅㄧˊ音ㄧㄣ。

金ㄐㄧㄣ色ㄙㄜ	水ㄕㄨㄟ晶ㄐㄧㄥ	新ㄒㄧㄣ鞋ㄒㄧㄝ	星ㄒㄧㄥ球ㄑㄧㄡ	音ㄧㄣ樂ㄩㄝ	英ㄧㄥ文ㄨㄣ	深ㄕㄣ山ㄕㄢ	生ㄕㄥ日ㄖ	親ㄑㄧㄣ吻ㄨㄣ	清ㄑㄧㄥ水ㄕㄨㄟ

注意ˋ：ㄢ = ㄚ+ㄋ收ㄕㄡ前ㄑㄧㄢ鼻ㄅㄧˊ音ㄧㄣ，
ㄤ 收ㄕㄡ後ㄏㄡˋ鼻ㄅㄧˊ音ㄧㄣ。

野ㄧㄝ狼ㄌㄤ	籃ㄌㄢ球ㄑㄧㄡ	幫ㄅㄤ助ㄓㄨ	搬ㄅㄢ動ㄉㄨㄥ	放ㄈㄤ心ㄒㄧㄣ	犯ㄈㄢ規ㄍㄨㄟ	路ㄌㄨ旁ㄆㄤ	盤ㄆㄢ子˙ㄗ	擺ㄅㄞ盪ㄉㄤ	彈ㄊㄢ珠ㄓㄨ

ㄓ ㄔ ㄕ ㄖ 捲(ㄐㄩㄢˇ)舌(ㄕㄜˊ)，
ㄗ ㄘ ㄙ 「ㄦ」捲(ㄐㄩㄢˇ)舌(ㄕㄜˊ)。
ㄣ ＝ ㄜ ＋ ㄋ 收(ㄕㄡ)前(ㄑㄧㄢˊ)鼻(ㄅㄧˊ)音(ㄧㄣ)，
ㄥ 收(ㄕㄡ)後(ㄏㄡˋ)鼻(ㄅㄧˊ)音(ㄧㄣ)。
ㄢ ＝ ㄚ ＋ ㄋ 收(ㄕㄡ)前(ㄑㄧㄢˊ)鼻(ㄅㄧˊ)音(ㄧㄣ)，
ㄤ 收(ㄕㄡ)後(ㄏㄡˋ)鼻(ㄅㄧˊ)音(ㄧㄣ)。

爭(ㄓㄥ)吵(ㄔㄠˇ)	增(ㄗㄥ)加(ㄐㄧㄚ)	蜜(ㄇㄧˋ)蜂(ㄈㄥ)	緊(ㄐㄧㄣˇ)張(ㄓㄤ)	蒼(ㄘㄤ)蠅(ㄧㄥˊ)	成(ㄔㄥˊ)功(ㄍㄨㄥ)	分(ㄈㄣ)開(ㄎㄞ)	熱(ㄖㄜˋ)情(ㄑㄧㄥˊ)	鯨(ㄐㄧㄥ)魚(ㄩˊ)	猜(ㄘㄞ)想(ㄒㄧㄤˇ)

熱(ㄖㄜˋ)鬧(ㄋㄠˋ)	蠶(ㄘㄢˊ)絲(ㄙ)	生(ㄕㄥ)日(ㄖˋ)	蜘(ㄓ)蛛(ㄓㄨ)	唱(ㄔㄤˋ)歌(ㄍㄜ)	警(ㄐㄧㄥˇ)察(ㄔㄚˊ)	拆(ㄔㄞ)開(ㄎㄞ)	雲(ㄩㄣˊ)層(ㄘㄥˊ)	插(ㄔㄚ)花(ㄏㄨㄚ)	擦(ㄘㄚ)乾(ㄍㄢ)

設(ㄕㄜˋ)施(ㄕ)	色(ㄙㄜˋ)紙(ㄓˇ)	酥(ㄙㄨ)脆(ㄘㄨㄟˋ)	忍(ㄖㄣˇ)住(ㄓㄨˋ)	鋼(ㄍㄤ)琴(ㄑㄧㄣˊ)	清(ㄑㄧㄥ)水(ㄕㄨㄟˇ)	電(ㄉㄧㄢˋ)燈(ㄉㄥ)	陣(ㄓㄣˋ)仗(ㄓㄤˋ)	早(ㄗㄠˇ)晨(ㄔㄣˊ)	沉(ㄔㄣˊ)重(ㄓㄨㄥˋ)

六、請寫出正確的注音。

- 金□色的水晶□。

- 小金□魚和大鯨□魚。

- 緊□張的警□察。

- 老師□在森□林□裡淋□雨。

- 大野□狼穿□藍□衣很威風□。

- 我真□開心□，早上人民□都很□平□安。

- 我喜歡打乒□乓球和玩拼□圖。

- 今天音樂老師穿新鞋，伸長手臂抱住我，親自和我說謝謝。

- 明天是星期日，英文老師帶我們去動物園看黑猩猩，請我們吃草莓和蘋果。

- 勤勞的姐姐練琴時，常有好心情。

- 狂風中，烽火燒山峰，楓樹上的蜜蜂快閃躲。

- 今天是晴天，朋友邀請我去踏青。看看遠山對眼睛好，精神不疲勞，走在清澈小溪旁，也會有個好心情。

- 鄧爺爺晚上提燈去登山，看到蟒蛇瞪大眼。

- 我搭乘計程車到城市拜訪一位有誠信的朋友。

- 陳老闆是有工作熱忱的人，今天早晨忙了兩三個時辰，終於將沉重的工作完成。

七、請寫出正確的聲調

➡（請寫出每個詞語的聲調）

寫出詞語的音調，再把一聲的字塗上黑色，二聲的字塗上黃色，三聲的字塗上紅色，猜猜看這是什麼呢？

1	2	3	4	5	6	7	8	9	10	11	12
ㄌㄚ 臘	ㄓㄨ 燭	ㄏㄨ 蝴	ㄉㄧㄝ 蝶	ㄆㄨ 葡	ㄊㄠ 萄	ㄏㄡ 喉	ㄌㄨㄥ 嚨	ㄔㄚ 茶	ㄏㄨ 壺	ㄒㄧㄥ 行	ㄉㄨㄥ 動
ㄉㄧㄢ 電	ㄔ 池	ㄓㄠ 照	ㄆㄧㄢ 片	ㄗㄨㄛ 坐	ㄓㄜ 著	ㄏㄨㄚ 滑	ㄉㄠ 倒	ㄌㄤ 浪	ㄏㄨㄚ 花	ㄌㄨㄛ 蘿	ㄅㄛ 蔔
ㄅㄤ 棒	ㄑㄧㄡ 球	ㄌㄚ 辣	ㄐㄧㄠ 椒	ㄕㄜ 舌	ㄊㄡ 頭	ㄋㄧㄡ 牛	ㄋㄞ 奶	ㄉㄧ 弟	ㄉㄧ 弟	●	●
ㄌㄚ 拉	ㄏㄨㄢ 環	ㄈㄤ 放	ㄒㄩㄝ 學	ㄉㄧㄢ 電	ㄕ 視	ㄆㄧㄥ 蘋	ㄍㄨㄛ 果	ㄕㄨ 書	ㄐㄧㄚ 架	ㄧㄡ 油	ㄈㄢ 飯
ㄘㄤ 蒼	ㄧㄥ 蠅	ㄊㄧㄢ 天	ㄑㄧ 氣	ㄨㄟ 圍	ㄐㄧㄣ 巾	ㄧㄡ 游	ㄩㄥ 泳	ㄏㄟ 黑	ㄧㄝ 夜	ㄏㄡ 猴	ㄗ 子
ㄈㄥ 鳳	ㄌㄧ 梨	ㄅㄧㄢ 便	ㄉㄤ 當	ㄒㄧㄤ 香	ㄐㄧㄠ 蕉	ㄈㄢ 煩	ㄋㄠ 惱	ㄊㄚ 他	ㄇㄣ 們	ㄏㄨㄥ 紅	ㄉㄡ 豆
ㄊㄞ 太	ㄧㄤ 陽	ㄨㄢ 頑	ㄆㄧ 皮	ㄧㄤ 楊	ㄊㄠ 桃	ㄇㄟ 眉	ㄇㄠ 毛	ㄆㄧ 皮	ㄒㄧㄝ 鞋	ㄌㄢ 藍	ㄙㄜ 色
ㄈㄥ 風	ㄓㄥ 箏	ㄐㄧㄠ 膠	ㄉㄞ 帶	ㄏㄨㄛ 火	ㄔㄜ 車	ㄅㄚ 芭	ㄌㄜ 樂	ㄒㄧㄤ 香	ㄍㄨ 菇	ㄨㄟ 尾	ㄅㄚ 巴
ㄍㄨㄥ 功	ㄎㄜ 課	ㄎㄨ 哭	ㄌㄜ 了	ㄌㄠ 老	ㄕㄨ 鼠	ㄉㄚ 打	ㄙㄠ 掃	ㄕㄨㄟ 睡	ㄐㄩㄝ 覺	●	●
ㄊㄚ 踏	ㄅㄨ 步	ㄈㄟ 飛	ㄐㄧ 機	ㄇㄚ 螞	ㄧ 蟻	ㄕㄨㄟ 水	ㄊㄨㄥ 桶	ㄕㄨ 蔬	ㄘㄞ 菜	ㄧ 椅	ㄗ 子
ㄅㄚ 爸	ㄅㄚ 爸	ㄉㄧㄢ 電	ㄍㄨㄛ 鍋	ㄕㄨ 書	ㄅㄠ 包	ㄎㄢ 看	ㄐㄧㄢ 見	ㄕㄡ 手	ㄅㄧㄠ 錶	ㄎㄠ 烤	ㄒㄧㄤ 箱

八、讀音接龍

依據讀音接龍，例如：ㄈㄐ → ㄐㄅ → ㄅㄍ → ㄍㄒㄥ → ㄒㄥㄨ，寫出能接續的詞語，並將 附件 5 上的貼紙貼在對應的詞語上。

題目一：提示

1	2	3	4	5
🌈	貼圖	貼圖	貼圖	貼圖
ㄘㄞˇ ㄏㄨㄥˊ				

題目二：提示

1	2	3	4	5
🍳	貼圖	貼圖	貼圖	貼圖
ㄉㄢˋ ㄏㄨㄤˊ				

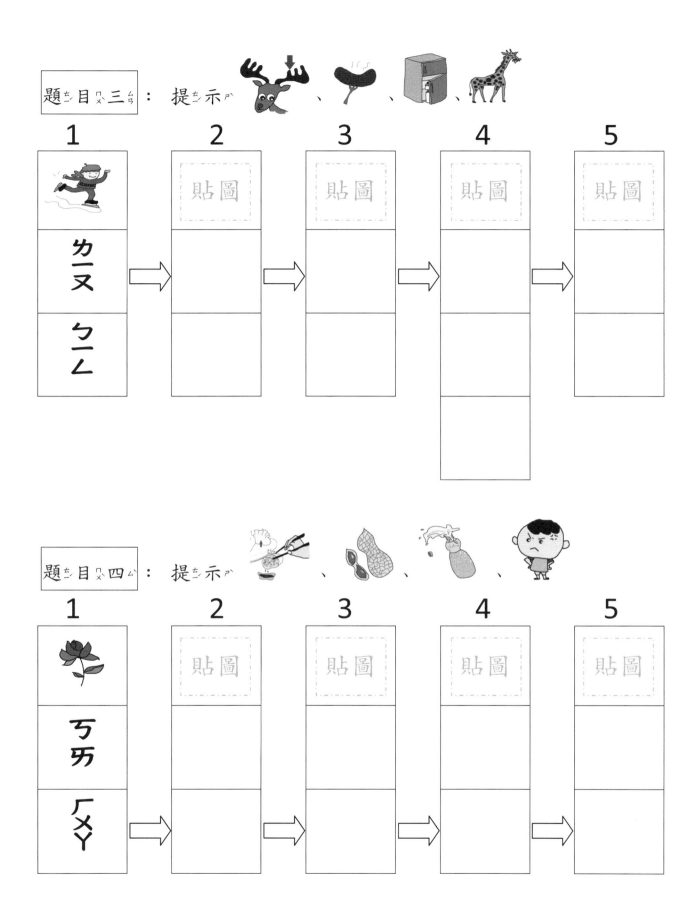

題目三： 提示　、　、　、

1	2	3	4	5
ㄉ一ㄡ ㄅㄥ	貼圖	貼圖	貼圖	貼圖

題目四： 提示　、　、　、

1	2	3	4	5
ㄎㄞ ㄏㄨㄚ	貼圖	貼圖	貼圖	貼圖

解答篇

三、聲調練習

範例		題目 1		題目 2	
✓	✕	✕	✓	✕	✓
三	三	四	四	五	五
題目 3		**題目 4**		**題目 5**	
✓	✕	✕	✓	✓	✕
六	六	九	九	十	十

四、看圖寫注音

草	ㄘㄠˇ	廚	ㄔㄨˊ	森	ㄙㄣ	鬧	ㄋㄠˋ
莓	ㄇㄟˊ	師	ㄕ	林	ㄌㄧㄣˊ	鐘	ㄓㄨㄥ
耳	ㄦˇ	白	ㄅㄞˊ	足	ㄗㄨˊ	烏	ㄨ
朵	˙ㄉㄨㄛ	鵝	ㄜˊ	球	ㄑㄧㄡˊ	雲	ㄩㄣˊ
貓	ㄇㄠ	啄	ㄓㄨㄛˊ	稻	ㄉㄠˋ	飛	ㄈㄟ
頭	ㄊㄡˊ	木	ㄇㄨˋ	草	ㄘㄠˇ	機	ㄐㄧ
鷹	ㄧㄥ	鳥	ㄋㄧㄠˇ	人	ㄖㄣˊ		

四_{ㄙˋ}、注_{ㄓㄨˋ}音_{ㄧㄣ}符_{ㄈㄨˊ}號_{ㄏㄠˋ}區_{ㄑㄩ}分_{ㄈㄣ}練_{ㄌㄧㄢˋ}習_{ㄒㄧˊ}

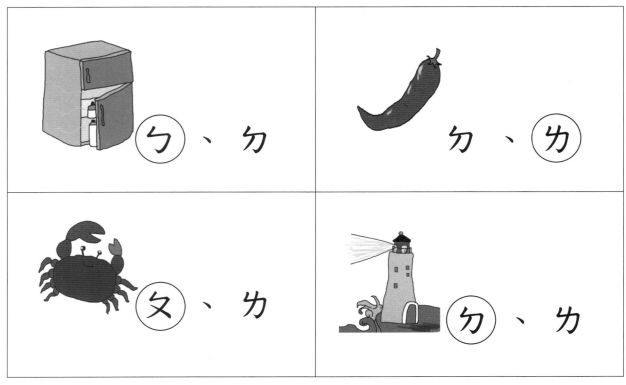

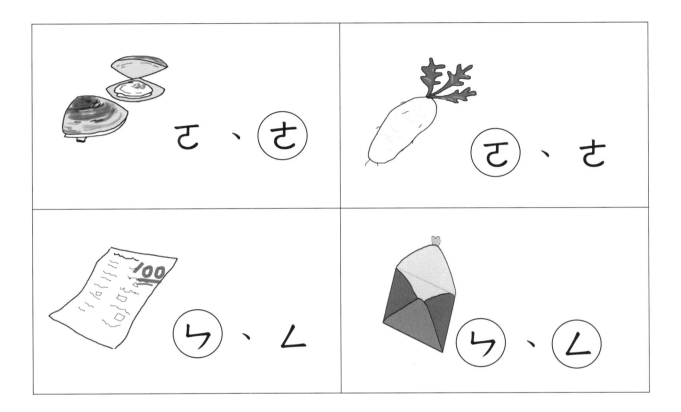

ㄛ 、 ⓣ

ⓞ 、 ㄜ

ⓝ 、 ㄥ

ⓝ 、 ⓝ

解答（ㄐㄧㄝˇ ㄉㄚˊ）（第ㄉㄧˋ 114 頁ㄧㄝˋ～第ㄉㄧˋ 116 頁ㄧㄝˋ）

六ㄌㄧㄡˋ、請ㄑㄧㄥˇ寫ㄒㄧㄝˇ出ㄔㄨ正ㄓㄨˋ確ㄑㄩㄝˋ的ㄉㄜ˙注ㄓㄨˋ音ㄧㄣ

- 金ㄐㄧㄣ色的水晶ㄐㄧㄥ。

- 小金ㄐㄧㄣ魚和大鯨ㄐㄧㄥ魚。

- 緊ㄐㄧㄣ張的警ㄐㄧㄥ察。

- 老師ㄕ在森ㄙㄣ林ㄌㄧㄣ裡淋ㄌㄧㄣ雨。

- 大野ㄧㄝ狼ㄌㄤ穿ㄔㄨㄢ藍ㄌㄢ衣很ㄏㄣ威ㄨㄟ風ㄈㄥ。

- 我真ㄓㄣ開心ㄒㄧㄣ，早ㄗㄠ上人民ㄇㄧㄣ都很ㄏㄣ平ㄆㄧㄥ安。

- 我喜歡打乒ㄆㄧㄥ兵球和玩拼ㄆㄧㄣ圖。

- 今天音樂老師穿新鞋，伸長手臂抱住我，親自和我說謝謝。

- 明天是星期日，英文老師帶我們去動物園看黑猩猩，請我們吃草莓和蘋果。

- 勤勞的姐姐練琴時，常有好心情。

- 狂風中，烽火燒山峰，楓樹上的蜜蜂快閃躲。

- 今天是晴天，朋友邀請我去踏青。看看遠山對眼睛好，精神不疲勞，走在清澈小溪旁，也會有個好心情。

- 鄧爺爺晚上提燈去登山，看到蟒蛇瞪大眼。

- 我搭乘計程車到城市拜訪一位有誠信的朋友。

- 陳老闆是有工作熱忱的人，今天早晨忙了兩三個時辰，終於將沉重的工作完成。

解答（第 117 頁）

臘	燭	蝴	蝶	葡	萄	喉	嚨	茶	壺	行	動
電	池	照	片	坐	著	消	倒	浪	花	縫	菊
棒	球	辣	椒	吾	頭	牛	奶	弟	弟	⬤	
拉	環	放	學	電	視	蘋	果	書	架	油	飯
蒼	蠅	天	氣	圍	巾	游	泳	黑	夜	猴	子
鳳	梨	便	當	香	蕉	煩	惱	他	們	紅	豆
太	陽	頑	皮	楊	桃	眉	毛	皮	鞋	藍	色
風	箏	膠	帶	火	車	芭	樂	香	菇	尾	巴
功	課	哭	了	老	鼠	打	掃	睡	覺	馬	路
印	章	鞭	炮	耳	朵	泡	澡	風	度	⬤	
踏	步	飛	機	螞	蟻	水	桶	蔬	菜	椅	子
爸	爸	電	鍋	書	包	看	見	手	錶	拷	箱

哈哈！你看你看，猜猜看有看見這是什麼感覺？
把三聲的字塗上紅色，把二聲的字塗上黃色，再把一聲的字塗上……色，
寫出詞語的音調？

解答（第 118 頁～第 119 頁）

題目一： 提示

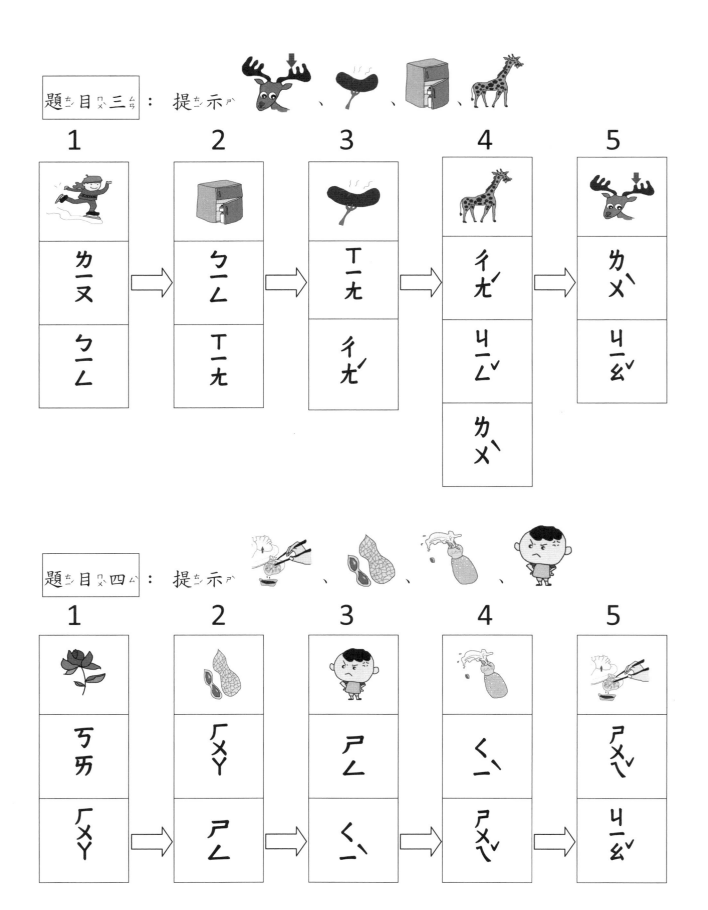

國家圖書館出版品預行編目（CIP）資料

注音 High 客：我的注音遊戲書／孟瑛如等著.
--二版. --新北市：心理, 2017.10
　　面；　公分.--（桌上遊戲系列；72202）
ISBN 978-986-191-793-1（平裝）

1.漢語教學　2.注音符號　3.小學教學　4.學前教育

523.23　　　　　　　　　　　　106016935

桌上遊戲系列 72202

注音 High 客：我的注音遊戲書（第二版）

作　　　者：孟瑛如、王怡蘋、邱佳寧、周文聿
總 編 輯：林敬堯
發 行 人：洪有義
出 版 者：心理出版社股份有限公司
地　　　址：231 新北市新店區光明街 288 號 7 樓
電　　　話：(02) 29150566
傳　　　真：(02) 29152928
郵撥帳號：19293172　心理出版社股份有限公司
網　　　址：http://www.psy.com.tw
電子信箱：psychoco@ms15.hinet.net
駐美代表：Lisa Wu（lisawu99@optonline.net）
排 版 者：辰皓國際出版製作有限公司
印 刷 者：辰皓國際出版製作有限公司
初版一刷：2015 年 10 月
二版一刷：2017 年 10 月
I S B N ：978-986-191-793-1
定　　　價：新台幣 180 元